LE COLPORTAGE DES JOURNAUX

ET

La Loi du 29 Décembre 1875

au point de vue républicain

PAR

A. MENDÈS

Rédacteur du *Libéral de Seine-et-Oise*

Prix : 15 centimes

PARIS

LIBRAIRIE MARIE BLANC, ÉDITEUR

54, RUE DOMBASLE, 54

EN VENTE A LA MÊME LIBRAIRIE

DU MÊME AUTEUR :

Épître aux hommes qui osent réhabiliter l'Empire.
Réponse au *Petit Caporal*, in-8º . . . . 50 c.
Le suffrage universel, in-8º . . . . 75 c.
Les candidatures officielles et les Républicains . . . . 15 c.

Si l'Empire revenait? par Arcès-Vulpinus. . . . . . . 10 c.
Le plat du jour, par Arcès-Vulpinus . . . . 10 c.
Les hommes du 16 mai devant les Républicains, par
   Berthezène. . . . . 15 c.
Thiers et Gambetta, par H. Delaporte . . . . 15 c.
Idée générale de la Révolution, par Berthezène . . . . 1 fr.
Les Vierges de feu, ou Abus de la Dévotion. . . . . . 1 fr.
Lettre à un prêtre sur l'agitation ultramontaine . . . . 1 fr.
Éloge de Voltaire, par Robert-Dutertre. . . . . 1 fr.

Envoi franco contre timbres-poste

Paris. — Typ. Ch. Unsinger, 83, rue du Bac.

LE COLPORTAGE DES JOURNAUX

ET

La Loi du 29 Décembre 1875

au point de vue républicain

L'article 3 de la loi du 29 décembre 1875
sur la presse porte :

« L'interdiction de vente et de distribution sur
« la voie publique ne pourra plus être édictée
« par l'autorité administrative, comme mesure
« particulière, contre un journal déterminé. »

Tel n'est pas, paraît-il, l'avis de certains préfets « ordre moral, » entre autres de MM. de
Fournier-Sarlovèze dans la Vienne, Branier
dans la Savoie, qui ne se sont pas contentés
de prescrire la révision générale de toutes les
autorisations accordées jusqu'ici, mais encore

ont déclaré que « pour obtenir une autorisation nouvelle, les colporteurs devaient produire un catalogue en double des écrits et journaux qu'ils destinent au colportage. »

La loi a été purement et simplement violée par MM. les préfets, car le *catalogue* ne peut être exigé que *pour les livres et brochures soumis à l'estampille de la Commission de colportage* et non pour les *journaux*, qui n'ont jamais eu besoin de cette estampille.

Le comité des dix jurisconsultes institué sous les auspices des républicains conteste avec raison à l'administration le droit d'interdire à un vendeur la vente de journaux signalés. Sa consultation se termine ainsi :

« Il faut conclure de tout ce qui précède qu'un préfet commet une illégalité manifeste, un véritable abus de pouvoir, quand il interdit à un vendeur ou distributeur la vente de certains journaux et quand il subordonne à l'engagement de respecter cette interdiction la délivrance ou le maintien de l'autorisation.

Le journal objet d'une semblable mesure est en droit d'actionner le préfet, soit pour excès de pouvoir devant la juridiction administrative, soit en dommages-intérêts devant les tribunaux ordinaires.

Le même droit appartient aux vendeurs et distributeurs abusivement entravés dans l'exercice de leur industrie ou illégamment frappés d'un retrait d'autorisation. »

Quelles sont aujourd'hui les conditions à remplir par le colporteur pour exercer librement son *industrie?* Quel est *à l'égard* des journaux le droit des préfets? C'est ce que nous allons examiner.

L'article 6 de la loi du 27 juillet 1849 continue d'être en vigueur dans sa généralité, donc (et cela ne fait aucun doute pour personne), les colporteurs sont tenus de demander l'autorisation au préfet, et le préfet ne doit accorder cette autorisation qu'à des individus bien « famés, » qui ne doivent distribuer ni écrits ni emblèmes contraires aux principes essentiels sur lesquels repose toute société bien organisée, ou aux institutions qui les régissent. La circulaire de M. Dufaure ne prescrit pas autre chose.

L'article 3 de la loi du 29 décembre 1875 interdit, ainsi que nous l'avons vu plus haut, aux préfets d'empêcher par mesure administrative la vente et la distribution sur la voie publique d'un ou de plusieurs journaux déterminés.

D'où cette conséquence, à savoir : que si des journaux ne peuvent être vendus sur la voie publique que par des colporteurs munis d'une autorisation régulière, la vente et la distribution d'un ou de plusieurs journaux déterminés échappent à la censure et à la vigilance des préfets.

« Nous laissons, disait M. de Janzé en présentant à l'assemblée nationale l'amendement qui devint l'article 3 de la loi, l'administration parfaitement libre de prendre des mesures générales ; s'il y a danger public, elle peut retirer l'autorisation au colporteur, mais elle n'a pas le *droit* de dire à tel ou tel vendeur de journaux : — Vous vendrez tous les journaux, excepté tel ou tels. — Et voilà où est l'interprétation fausse et par cela même illégale donnée à l'art. 6 de la loi de 1849. »

Le 28 décembre, le rapporteur de la Commission disait à la tribune : « Assurément votre Commission, *si elle avait cru pouvoir vous présenter une loi sur la Presse, n'aurait pas manqué d'y insérer une disposition par laquelle, s'inspirant de l'esprit qui a dicté l'amende-ment de M. de Janzé, elle vous aurait demandé de mettre fin à de pareils abus.* »

Le 29 décembre, le rapporteur conteste absolument à l'administration le droit d'appliquer l'article 6 de la loi de 1849 aux journaux, puis il ajoute : « Maintenant vient la question de savoir si, en supposant cette prétention conforme à la loi autant qu'elle y est contraire, cette loi devait être maintenue. Vous êtes, Messieurs, des législateurs ; vous faites et défaites les lois. Celle-là serait mauvaise à coup sûr, et nous vous demandons de la rapporter. »

Je suppose que la loi existe. Je dis que vous ne pouvez *laisser entre les mains du Gouvernement,* dans les circonstances où nous sommes, un article aussi dangereux.

Que répond le Gouvernement ? Émet-il la prétention de contester que l'amendement de Janzé tend à l'abrogation de l'article 6 de la loi de 1849 ?

Pas le moins du monde. Voici en effet ce que disait alors en substance M. le sous-secrétaire d'État Desjardins :

L'article 6 de la loi de 1849 est une disposition *de droit commun*, et qui comme telle doit s'appliquer aux journaux, loi qu'il ne faut point modifier. — Droit commun, ajoute-t-il, dont l'application faite aux journaux est également incontestable, dont les conséquences ne sont pas pour les journaux autres que pour les autres écrits soumis au colportage, voilà ce qui existe. — Ce droit commun est une arme, je le reconnais, mais une arme confiée à l'administration dans un intérêt supérieur et général d'ordre public et de morale.

L'assemblée ne voudra pas la lui enlever.

L'amendement de Janzé a été voté par 337 voix contre 332.

Des doutes se sont élevés, il est vrai, au sujet de l'interprétation de l'article 3 de la loi de 1875.

Dans une circulaire en date du 5 mai 1876, le regretté M. Ricard fixe la portée ou plutôt sens de l'article 3 :

« Il doit être bien entendu, écrit-il aux préfets, que tous les journaux peuvent être vendus et colportés sur la voie publique, à la seule condition que les vendeurs ou colporteurs soient munis d'une autorisation du colportage. Mais il doit être bien entendu aussi que vous ne refuserez ou ne retirerez jamais

ces permissions que pour des motifs sérieux,
et *que jamais le fait de vendre tel ou tel journal ne pourra servir de raison ou de prétexte
au refus ou au retrait de ces autorisations.*

Ah ! je le sais, à l'opinion de M. Ricard on
nous opposera celle d'un de ses successeurs,
M. de Fourtou, qui très-certainement n'a pas
la prétention d'être à la hauteur de M. Ricard.
Eh bien, quand même il en serait ainsi,
qu'est-ce que cela prouve ? Rien ; et je me
fais fort de démontrer que dans sa circulaire
sur le colportage, M. de Fourtou n'a qu'un
but : c'est d'anéantir l'article 3 de la loi du
29 décembre 1875.

La loi, ainsi que le faisait justement obser-
ver *le Temps* dans les premiers jours de juin,
peut être violée de deux manières : ou bien en
faisant ouvertement ce qu'elle défend, ou bien
en feignant de croire qu'elle ne défend pas ce
qu'on a envie de faire, bien qu'on sache parfaitement le contraire. M. de Fourtou a choisi
le dernier moyen.

Sa circulaire sur le colportage n'a qu'un
but : c'est de réduire à l'état de lettre morte
l'article 3 de la loi du 29 décembre 1875, qui

enlève à l'autorité administrative le droit de prononcer aucune interdiction de vente ou de distribution contre un journal déterminé. M. de Fourtou n'ose pas conseiller à ses préfets de prendre directement des arrêtés d'interdiction contre les journaux républicains, mais il les invite à prononcer cette même interdiction contre les modestes industriels qui vendent ou distribuent ces journaux, à leur mettre le marché à la main, à leur donner le choix entre le retrait de leur gagne-pain ou la mise en interdit des journaux de l'opposition.

Dans ce cas comme dans l'autre, la loi de 1875 est violée : peu importe, en effet, que l'autorité administrative prenne des mesures contre le journal ou contre celui qui le vend ; dans les deux cas, l'effet est le même : il y a interdiction de vente par mesure administrative, c'est-à-dire abus de pouvoir.

En vain M. de Fourtou essaie-t-il d'équivoquer au sujet des catalogmes que la loi de 1849 permet de demander aux colporteurs, et que les préfets ont, selon lui, le droit de réviser à leur guise. Un ministre de l'intérieur, si neuf qu'il soit dans ses fonctions , devrait savoir que le catalogue ne peut être exigé que pour les livres et brochures soumis à l'estampille de la commission de colportage, et non pour les journaux, qui n'ont jamais eu besoin de cette estampille.

Que conclure de toutes les preuves que je viens de fournir, sinon que les préfets de la Vienne, de la Savoie et d'autres encore, en obligeant les colporteurs à produire un catalogue en double des écrits et journaux qu'ils destinent au colportage (et ce dans le but de ne laisser circuler que les journaux à leur convenance) ont violé la loi, et que tous ceux qui ont à se plaindre de leurs exactions doivent les actionner pour excès de pouvoir, soit devant la juridiction administrative, soit en dommages-intérêts devant les tribunaux ordinaires.

J'apprends, au moment de terminer mon modeste travail, que le Gouvernement aurait l'intention d'opposer une contre-consultation à la consultation donnée par le Comité des jurisconsultes républicains.

Je crois rendre un réel service au Gouver-

nement et principalement à M. de Fourtou
en priant ces messieurs de s'occuper plutôt
de leurs *candidats officiels* que de se mettre
à la recherche de jurisconsultes chargés de
soutenir la circulaire de Fourtou sur le colportage.

Et d'ailleurs, qu'importe l'opinion de M. de
Fourtou et du Gouvernement tout entier sur
la question du colportage, si nous pouvons
opposer à MM. de Fourtou et Cᵉ des sen-
tences rendues par les tribunaux? M. de
Fourtou et le Gouvernement tout entier ose-
raient-ils soutenir par hasard que les tribunaux ont eu tort et qu'en semblable matière
le Gouvernement seul jouit d'une infailli-
bilité indiscutable? Nous les en défions.
Chaque fois que les tribunaux ont été appelés
à se prononcer sur le sens que nous venons de
donner à la loi du 29 décembre, ils ont inter-
prété cette loi dans le même sens que
M. Ricard.

Le 24 avril 1876, la cour de Dijon, appelée
à se prononcer sur la question, décidait que
tout en laissant subsister la nécessité générale de l'autorisation, l'article 3 de la loi du

29 décembre 1875 avait « enlevé aux préfets la faculté d'une interdiction particulière. »

Le 4 avril 1876, la cour de Montpellier déterminait en ces termes fort nets la portée de cette disposition :

« La loi de 1875, dit-elle, retire aux préfets le *droit de créer dans leurs départements des catégories privilégiées parmi les journaux autorisés.* L'administration conserve le droit d'examiner si tel individu qui veut se livrer au colportage remplit les conditions de moralité exigées de tous les colporteurs et elle peut toujours, suivant les cas, accorder ou refuser l'autorisation qui lui est demandée. *Mais elle ne peut ni limiter l'autorisation à certains journaux ni exclure de cette autorisation tel ou tel journal déterminé.* »

Le 18 mars 1876, la cour d'Aix allait plus loin encore et décidait « que la peine applicable aux distributeurs de livres et journaux non autorisés n'est plus applicable aujourd'hui *au distributeur autorisé auquel l'autorité administrative aurait défendu de vendre un journal déterminé et qui aurait transgressé cette défense.* »

Qu'en pense M. de Fourtou? Qu'en pense le Gouvernement? Toute la famille gouvernementale est mise au pied du mur. C'est ce qui m'amuse. Pauvre 16 mai! décidément vous n'avez pas de chance. Vous laissez insulter, injurier, diffamer les républicains, et tandis que certains de vos préfets entravent, contrairement à la loi, la circulation de journaux aussi honorables que le *Temps* et les *Débats*, nous assistons à ce triste spectacle : la distribution gratuite et sous bande imprimée dans beaucoup de départements, notamment dans les Basses-Pyrénées, du journal le *Figaro*. Et en faveur de qui cette distribution est-elle faite? En faveur d'un bon nombre d'instituteurs.

Et ce n'est pas tout. *L'Indépendant des Basses-Pyrénées*, qui nous donne ces renseignements, ajoute que les maires de l'arrondissement d'Oloron ont reçu le *Figaro* sous pli cacheté portant l'inscription administrative officielle : *clos par nécessité.*

Si la chose est vraie, tous les honnêtes gens ne peuvent que féliciter M. Louis Veuillot d'avoir osé dire il y a peu de temps : l'appui que paraissent prêter au *Figaro* MM. de Fourtou et Cᵉ est un appui compromettant et humiliant. Et M. Louis Veuillot, que j'ai souvent combattu au point de vue politique mais aux côtés duquel je me trouve toujours lorsqu'il s'agit de combattre les *impuretés* figaristes, me soutiendra très-certainement lui-même dans la campagne que j'entreprends contre le *Figaro*.

Je soutiens que le *Figaro* est un journal que toute famille honnête doit repousser; je soutiens que M. Louis Veuillot a raison d'affirmer que certains républicains ont commis une impertinence vis-à-vis du clergé en disant que cette feuille comptait un certain nombre d'ecclésiastiques parmi ses abonnés. Et j'approuve absolument l'*Univers* lorsqu'il répond : « Si un certain nombre d'ecclésiastiques ont pu autrefois, par économie, s'abonner à la première page du *Figaro* qui leur était servie en *bouillon*, ou prêter complaisamment leur nom à un abonnement à prix réduit, il *n'en est* plus ou presque plus *d'abonnés* à ce journal. Oui, M. Veuillot avait encore raison lorsque l'année dernière il prétendait qu'un

prêtre abonné au *Figaro* n'était pas capable
de lire son bréviaire avec toute l'attention
exigée d'un ecclésiastique.

En effet, et c'est par là que je termine,
comment voulez-vous qu'un ecclésiastique
vraiment digne de ce nom puisse apprendre
sans rougir, dans le *Figaro* du 10 juillet par
exemple, qu'une jeune fille se permet d'avouer
publiquement qu'embrassant à l'instant sa
mère, et pour la première fois de sa vie, sa
pensée était loin d'elle. Et où était donc cette
pensée? Avec le cœur de la petite demoi-
selle, auprès d'un petit crevé sans doute,
lequel petit crevé est, paraît-il, son seul ami,
son seul bonheur (1).

---

(1) Petite correspondance, *Figaro*, 10 juillet.

M. E. S. J'embrasse à l'inst. ma mère, et pour la prem.
fois de ma vie, en l'embrass., ma pensée était loin
d'elle. Elle était, avec mon cœur, auprès de toi, mon seul
am., mon seul bonh.

CONSULTATION

sur le colportage des Journaux

Le comité des dix jurisconsultes, institué sous les auspices de la gauche sénatoriale, s'est réuni chez M. Allou et a adopté les termes de la consultation suivante, relative au colportage et à la vente des journaux sur la voie publique :

Les avocats soussignés,

Consultés sur la question de savoir si les préfets ont le droit d'exiger des vendeurs de journaux sur la voie publique l'engagement de ne pas vendre certaines feuilles, sous peine de se voir retirer l'autorisation nécessaire pour ce genre de commerce,

Ont été d'avis des résolutions suivantes :

La loi du 29 décembre 1875, votée par l'assemblée nationale, a résolu la question et enlevé cette faculté à l'administration.

L'article 3 de cette loi est ainsi conçu :

« L'interdiction de vente et de distribution sur

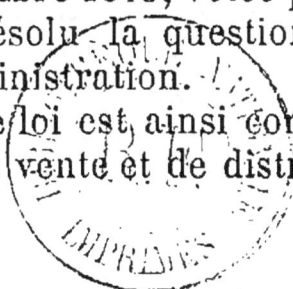

la voie publique ne pourra plus être édictée par l'autorité administrative, comme mesure particulière, contre un journal déterminé. »

Cette disposition a eu pour objet de mettre fin à l'usage abusif que le Gouvernement avait fait parfois de l'article 6 de la loi du 27 juillet 1849.

Cet article oblige tous les distributeurs ou colporteurs de livres, écrits, brochures, gravures et lithographies à se pourvoir d'une autorisation délivrée par l'autorité préfectorale. L'autorisation étant toujours révocable, si l'administration interdisait aux vendeurs de journaux la vente de telle ou telle feuille, ils étaient obligés de se conformer à son ordre, sous peine de se voir enlever leur autorisation.

Le Gouvernement qui voulait frapper un journal hostile à sa politique, faisait prendre par les préfets des arrêtés interdisant la vente de ce journal sur la voie publique.

C'est cet abus, contraire aux droits de la presse et à la liberté de discussion, que la loi du 29 décembre a voulu faire cesser. C'est pourquoi elle a enlevé à l'autorité administrative le droit d'interdire la vente sur la voie publique d'un journal déterminé.

Le vendeur pourvu d'une autorisation peut vendre tous les journaux.

L'autorisation peut lui être retirée s'il s'en rend personnellement indigne ; mais tant qu'il ne s'est pas mis dans ce cas, l'autorité n'a pas le droit de lui désigner les journaux qu'il vendra et de lui interdire la vente des autres.

Telle est la loi.

Elle est violée lorsque le préfet retire l'autorisation à un ou plusieurs distributeurs, et ne consent à la leur rendre qu'à la condition de ne pas vendre certains journaux déterminés.

Elle est violée encore quand un préfet intimide les distributeurs, en les prévenant qu'il leur retirera l'autorisation s'ils vendent telles ou telles feuilles.

Vainement prétendrait-on que la loi défendant seulement d'*édicter* contre un journal déterminé l'interdiction de vente sur la voie publique, les préfets ont seulement perdu le droit de prononcer cette interdiction par arrêtés, mais qu'ils ont conservé la faculté d'arriver au même but en s'adressant à chaque distributeur et en abusant envers lui du droit de lui retirer l'autorisation.

Il est interdit de faire indirectement et par voie détournée ce que la loi défend.

C'est ce qu'on appelle faire fraude à la loi, et cette fraude n'est jamais permise.

La loi, d'ailleurs, défend d'édicter l'interdiction sans se préoccuper de la forme qu'elle pourra affecter, et il est clair qu'un préfet qui défend aux distributeurs de vendre un journal déterminé édicte une interdiction.

Si la loi avait permis aux préfets d'agir ainsi, elle n'aurait aucun sens.

Elle a, au contraire, un sens parfaitement clair. Son texte est exact et précis.

La discussion qui l'a précédée a le même caractère de précision. La question posée était celle de savoir si l'autorité pourrait continuer à s'appuyer sur l'article 6 de la loi du 28 juillet 1849 pour interdire à son gré tel ou tel journal. C'est contre cette interprétation de l'article 6, a dit M. de Janzé, que nous avons voulu réagir en donnant à la presse une garantie qui lui manque absolument. Défendue par M. Desjardins, attaquée par M. Albert Grévy, rapporteur, cette application de l'article 6 a été repoussée par l'assemblée. Il a donc été législativement décidé que l'administration ne pourrait plus faire usage de la loi de 1849 pour interdire à un journal la vente sur la voie publique.

Une circulaire du ministre de l'intérieur du 5 mai 1876 interprète très-exactement la loi.

« Il doit donc être bien entendu, dit le ministre aux préfets, que tous les journaux peuvent être vendus et colportés sur la voie publique, à la seule condition que les vendeurs ou colporteurs soient munis d'une autorisation de colportage. Mais il doit être entendu aussi que vous ne refuserez ou ne retirerez jamais ces permissions que pour des motifs sérieux, et que jamais le fait de vendre ou d'avoir vendu tel ou tel journal ne pourra servir de raison ou de prétexte au refus ou au retrait de ces permissions. »

Il faut conclure de tout ce qui. précède qu'un préfet commet une illégalité manifeste, un véritable abus de pouvoir, quand il interdit à un vendeur ou distributeur la vente de certains journaux, et quand il subordonne à l'engagement de respecter cette interdiction la délivrance ou le maintien de l'autorisation.

Le journal objet d'une semblable mesure est en droit d'actionner le préfet, soit pour excès de pouvoir devant la juridiction administrative, soit en dommages-intérêts devant les tribunaux ordinaires.

Le même droit appartient aux vendeurs et distributeurs abusivement entravés dans l'exercice de leur industrie ou illégalement frappés d'un retrait d'autorisation.

Délibéré à Paris, le 7 juillet 1877.

E. Allou, Ad. Crémieux, Jules Favre, Senard, Hérold, Mimerel, Le Blond, Emile Durier.

EN VENTE A LA MÊME LIBRAIRIE

UNE PAGE

DE L'HISTOIRE

DE LA VILLE DE METZ

Par LOUIS DE VALLIÈRES

Un volume in-18 carré, prix franco . . **1 fr.**

La ville de Metz que le sort des armes a placée sous un joug odieux, n'a jamais été une ville allemande; à la mort de Clovis, elle fut la capitale du royaume d'Austrasie; au moyen âge, elle forma avec son territoire une République indépendante qui sut constamment défendre ses droits contre les Allemands à qui elle infligea plus d'une sanglante défaite.

C'est cette période de l'histoire de notre ville-sœur que M. Louis de Vallières, connu par ses nombreux écrits, a reproduite dans le cadre émouvant et intéressant d'un roman bien conçu; on y voit revivre ces braves Messins d'alors, braves comme leur épée, loyaux et fidèles, on pénètre dans les mœurs intimes du temps, et il semble que, par une sorte de magie, on soit transporté au moyen âge.

Ce livre est un hommage rendu à l'infortunée cité de Metz qui gémit actuellement dans les fers; c'est une protestation contre les assertions des pédants d'outre-Rhin qui osent revendiquer Metz comme une ville allemande; enfin c'est un espoir que les fils de ceux qui ont fait autrefois si lourdement sentir le poids de leurs bras aux Allemands verront un jour les aigles allemandes s'enfuir devant le drapeau tricolore.

Aussi espérons que chacun tiendra à honneur de posséder cet ouvrage si émouvant et si intéressant.

Envoi franco contre timbres-poste.

L'ART D'ÉLEVER

LES LAPINS

CONTENANT

la manière de les multiplier et de les engraisser ; le moyen de
les guérir de leurs maladies ; la façon de les nourrir et de
les loger ; les soins à donner aux mères et aux lapereaux ;
la méthode enfin d'en faire, à la ville, aussi bien qu'à la
campagne, un élevage rapportant des profits sérieux et
certains et mis à la portée du pauvre aussi bien que du riche.

Par M. LONGEVILLE, ÉLEVEUR

Une belle brochure in-18 carré. . . 30 cent.

LA VIE, LES PASSIONS ET LA MOR

AVEC DES CONSEILS

POUR PROLONGER SES JOURS

PAR

le Dr S. Vitrey

Un fort volume in-18 jésus . . . . . 3 fr. 5

Envoi franco contre timbres-poste

Paris. — Charles Unsinger, imprimeur, 83, rue du Bac.

www.ingramcontent.com/pod-product-compliance
Lightning Source LLC
Chambersburg PA
CBHW070749280326
41934CB00011B/2853